Geschichten

aus der Reihe
„Perlen unserer Erinnerung"

Meine – Deine – unsere Schulzeit

Carmen Sabernak (Hrsg.)

Bibliografische Information der Deutschen Nationalbibliothek:

Die Deutsche Nationalbibliothek verzeichnet diese Publikation in der Deutschen Nationalbibliografie; detaillierte bibliografische Daten sind im Internet über dnb.d.nb.de abrufbar.

Impressum

2020 © Carmen Sabernak, alle Rechte vorbehalten

Herstellung und Verlag:

BoD - Books on Demand, Norderstedt

Satz und Layout:

Nicole Mewes

Bildnachweise:

© by-studio © sonne fleckl - Fotolia.com

© Nicole Mewes - alte Schule mit Kindern, privat

ISBN: 9783751950497

Inhalt

Vorwort

Carmen Sabernak hatte die Idee, die Erinnerungen unterschiedlicher Menschen zu sammeln.

Erinnerungen, die wertvoll wie Perlen sind. Sie fragte in der Teltower AWO-Gruppe nach und es fanden sich schnell MitstreiterInnen.

Einmal im Monat trafen sie sich, tauschten Erinnerungen aus, lasen aus ihren Geschichten und verbrachten schöne gemeinsame Stunden. So wurde recht schnell der Entschluss gefasst, diese „Perlen unserer Erinnerungen" in kleinen Büchern aufzubewahren.

Die Geschichten sind so unterschiedlich, wie die Menschen, die sie erlebt haben. Einzelne Geschichten wurden zum Teil schon vor einigen Jahren verfasst. Deshalb finden sich teilweise auch noch Texte in der alten Rechtschreibung. Diese wurden absichtlich nicht angepasst, denn es sind Perlen aus der betreffenden Zeit.

Wir wünschen Ihnen ebenso viel Vergnügen beim Lesen, wie wir Freude hatten, das Buch zu gestalten.

Herzliche Grüße
das AutorInnenteam

Schulzeit = Lebenszeit

Wie erinnerst Du dich an diese Zeit in Deiner Kindheit?
War sie Last und Plage, war sie schön, oder gut für
Sinn und Verstand?
Jeder hatte so sein Eigenes, womit er die Schulzeit
verband.
Mal waren es 8, 10 oder 12 Jahre gar,
man lernte Wichtiges und Unwichtiges, das ist wohl
wahr.
Die Lehrer und Lehrerinnen, ein besonderer Stand,
waren beliebt oder nicht so sehr.
Sie gingen und kamen, wohin und woher?
Man hatte auch Schulfreunde einst, Fleißige, Schlaue
und die Anderen, die länger brauchten um im Leben
zu landen.
Zeugnisse wurden und werden oft überschätzt.
Lebenskunst ist mehr als nur mit "sehr gut" versetzt.
Das Lernen jedoch geht immer weiter, Talente und
Begabungen stellen sich ein.
So wird manch Letzter später der Glückliche sein.

Margrit Prauß

Was gibt mir Kraft?

Ich bin meiner Zeit voraus... für mich beginnt der November schon am 30.Oktober...

Herrlich... diese Sonne... nur noch für wenige Momente, dann verschwindet sie hinter dem Hausdach. Egal, ich fühle die Sonne weiterhin!

Ich beginne das Gespräch mit mir... dieser innere Dialog begleitet mich seit meiner Schulzeit.

Die innere Stimme ist auch ein bisschen gewöhnungsbedürftig.

Ständig spricht etwas in mir, und ich möchte auch alles um mich herum mitbekommen! Doch da begreife ich: Es ist das Beste was mir passieren kann! Ich habe diese, meine Gesprächspartnerin, die mich schon so lange begleitet. Vielleicht ist der Schlüssel, dass ich mehr den „unterstützenden Gedanken" glauben schenke!!! Denn als ich in der Schule war, gab es manchmal das innere Gequengel: --- "Ach, das schaffst du nicht! --- Dafür bist du vielleicht nicht schön genug!"

Doch zum Glück habe ich mir immer wieder auch kraftvolle Dinge zugesprochen: --- "Mach doch, mehr als schiefgehen kann es nicht! --- Andere haben es auch geschafft, also du machst mit!"

Heute denke ich voller Dankbarkeit an den Mut, der mir durch die Jahre zugewachsen ist.

Meine Freundinnen und ich haben viel Zeit miteinander verbracht. Dadurch ist Selbstvertrauen in mir gewachsen. Das Gefühl --- nicht allein zu sein --- mit all den Problemen, die sich als junges Mädchen zeigten, ist kraftspendend!

Ja. Gemeinschaft, das ist ES. Ob zu zweit oder mehrere Gleichgesinnte zusammen, das ist wie ein Elixier!

Ich frage mich: gibt es eine „Brille", die ich aufsetzen kann und die mir dann die Kraft gibt, die Welt mit anderen Augen zu sehen? Vielleicht ist es eine Lebenshaltung, die ich von der Kindheit an trainiere um Zuversicht zu erleben?

Etwas, das mich trotz Schmerzen nicht aufgeben lässt... diese innere Stimme, die mir Kraft gibt. Die ich lieben gelernt habe als Unterstützung! Danke für die Schulzeit, die mir als große Hürde gezeigt hat: Egal was passiert --- es geht weiter! Und lächelnd ist es doch viel angenehmer...

Elkzeitlos

Heute fahre ich nicht zur Schule

Was für ein Gedanke?
Schule schwänzen --- das geht doch gar nicht... an diesem Tag ist es möglich!
An der Kreuzung biege ich mit meinem Fahrrad in Richtung Kanal ab...
Es ist ein schöner, warmer Sommertag und so richtig Lust auf Schule kommt nicht auf...

Habe ich je geschwänzt? Nein!!
Brav bin ich immer zur Schule gegangen auch wenn ich keine Lust hatte... da war kein echter Grund nicht hin zu gehen... letztlich ging der Vormittag vorbei und da war noch genug Zeit, um die eigenen Dinge zu tun...

Diesmal ist es anders, ich kann mir inzwischen die Entschuldigung selbst schreiben, und mir wird etwas passendes einfallen... meinen Eltern werde ich von meinem schulfreien Tag nicht erzählen...

Dieser Tag ist so viel wichtiger, als ich es damals wissen konnte.
Endlich habe ich mein eigenes Ding gemacht!

So wie ich es wollte... nicht wie ich es sollte....
Ich habe mich ins Gras gelegt und anschließend folgendes Gedicht geschrieben:

Gib dich geschlagen, Zeit der Unruhe und
Zerstörung!
Die Schlacht war zermürbend und elendig lang,
doch ich gehe aus ihr als Sieger hervor!
Ich liege am Boden, erschöpft vom Ringen,
habe alle Viere frei von mir gestreckt.
Ich kann den Himmel sehen,
der Wind weht über mich hinweg - um die letzten
Zweifel zu zerstreuen...
Meine Augen glänzen, der Mund lächelt
und meine Zehen spielen im Gras.
Ich bin eins mit der Natur.
Ich bin offen und kann empfangen.
Ich bin fest und kann geben.
Ich habe neue Kraft,
bin voller Energie --- sauge die Natur in mir auf:
Die Vogelstimmen, den krähenden Hahn, die Luft...
alles, alles, alles...
Oh, die Sonne liegt auf mir und streichelt meine
Seele.

Wie lange braucht es, um zu begreifen, dass ich meine ganz eigenen Empfindungen ernst nehmen will?

Wie schön ist es, sich und die Welt als Mysterium zu erfahren, in welchem die Schule eine so entscheidende Rolle gespielt hat…
Wie alles so zusammenhängt… das ist doch ein interessantes Selbsterforschungsgebiet…

Elkezeitlos, 19.2.2020

Erste Erinnerungen

Wann beginnt ein Kind, seine Umwelt bewußt wahr-
zunehmen?!

Erinnert es sich mit vier oder sechs Jahren an Per-
sonen, die das tägliche Leben begleiteten? Oder an
die kleine Welt der Wohnung, an Haustiere, an Nach-
barn oder den Garten? Wer kann dies schon so genau
sagen.

Meine erste bruchstückhafte Erinnerung an die frü-
he Kindheit war ein erschreckendes Erlebnis: der Tod
meiner Oma! Sie war nach einem langen schmerz-
vollen Fluchtweg aus Westpreußen – so wie unsere
Mutter mit uns Kindern – in Mecklenburg gelandet.

Wir bewohnten damals, als eine der ärmsten Flücht-
lingsfamilien des Dorfes, die Gemeinde-Kate gemein-
sam mit einer anderen kinderreichen Familie. Es war
ein Dach über unseren Köpfen, aber kein Zuhause.

Die Wohnung bestand aus einem größeren Zimmer
mit Kachelofen, einer eiskalten, nicht beheizbaren
Kammer sowie einer Kochstelle im Hausflur.

Meine drei Geschwister schliefen in einem aus einfa-
chem Holz gezimmerten Doppelbett in der Kammer.
Mein Bruder kletterte jeden Abend zum Schlafen

in die Höhe, meine Schwestern betteten sich in die untere Schlafstätte, wo sie sich – eng aneinander gekuschelt – gegenseitig wärmten. In diesem dunklen kargen Raum, mit knarrenden Dielen, blühten bei Frost die schönsten Eisblumen an dem kleinen Fenster. Im warmen Zimmer nebenan stand ein herrschaftlich breites Holzbett mit handgeschnitzten Verzierungen. Darin fanden meine Mutter und ich reichlich Platz, später auch die Oma.

An meine Oma habe ich zu meinem Leidwesen keine klaren Erinnerungen. Nur das anfangs erwähnte Ereignis ist mir wie ein Licht im Schatten der Vergangenheit geblieben: meine Oma, eine füllige Frau mit Haarknoten und Schürze, las gern bei schönem Wetter im Freien die Zeitung. Dazu nahm sie einen Holzschemel, in dessen Sitzfläche ein Schlitz zum Tragen eingelassen war. Mit einer Zeitung in der einen und dem Schemel in der anderen Hand begab sie sich am Tag des Geschehens auf den Weg vor die Haustür. Da passierte es: Sie fiel einfach, ohne Anzeichen eines nahenden Unheils, im Zimmer um! Dieser Schreckmoment fuhr so gewaltig in mein junges Leben, daß er mir als einzige wahrhafte Erinnerung an meine Oma geblieben ist. Wie ich später erfuhr, erlitt sie einen Schlaganfall, an dem sie verstarb.

So lebten wir wieder mit fünf Personen in den zwei Räumen der Kate.

Es war traurig, daß meine Oma nicht länger bei uns weilen konnte. Sie hätte unsere Kindheit sicher liebevoll begleitet und bereichert.

Hannelore Wolf

Murmeln, Hopse, Schiefertafel

Der Alltag in meinem frühen Kinder – Leben bis zum sehnsüchtig erwarteten Tag des ersten Schulganges verlief ohne nachhaltige Ereignisse.

Meine Mutter übte zwangsläufig die Tätigkeit einer Hausfrau aus. Aufgrund der nicht heilenden offenen Thrombose am Bein erhielt sie eine Invalidenrente und war den Bauern eine willkommene Hilfe bei leichteren Arbeiten. Dazu gehörte das Auffädeln von Tabakblättern, die zum Trocknen auf langen Leinen hingen. Die Flüchtlingskinder im Dorf wurden meist von einer Oma betreut, wenn ihre Mütter auf den Feldern oder im Stall der Bauern arbeiteten. Die Kinder der Bauernfamilien mußten den Eltern unfreiwillig, besonders in der Erntezeit, viele Stunden zur Hand gehen.

Ach – wie gut ich es doch getroffen hatte: Viel Zeit zum Spielen, manchmal unterbrochen durch die Erledigung kleinerer Aufträge von der Mutter.

Zum Spiel im Freien genügte ein Ball, eine Handvoll Murmeln oder ein Stück Wäscheleine als Springseil. Mit Stöcken in den Sand gezogene Spielfelder für ein Hopse-Spiel, ein Steinchen zur Markierung des

Zieles – schon konnte das Vergnügen beginnen. So anspruchslos und trotz vieler Entbehrungen zufrieden, verging die Zeit!

Ich träumte oft von meinem ersten Schultag und einer Schultüte, gefüllt mit kleinen Überraschungen – nur für mich allein!
Endlich war es soweit: Als einzige von uns Geschwistern trug ich stolz eine bunte Tüte im Arm. Bekleidet mit einem von meiner Mutter zu diesem Anlaß geschneidertem, karierten Kleidchen stolzierte ich mit den anderen Kindern zum Schulgebäude. Wir stellten uns auf den Eingangsstufen für den Fotografen in Positur: Sechs Mädels und ein Junge! Der Sohn einer Bauernfamilie „durfte" die Schiefertafel mit der deutlich lesbaren Jahreszahl –1951 – halten. Er schien mit seinem traurigen Gesicht darüber ziemlich unglücklich zu sein – seine Eltern hatten keine Schultüte für ihn!

Unsere Schule befand sich im ehemaligen Gutshaus des Dorfes. Das Gebäude bot die räumlichen Möglichkeiten für ein Klassenzimmer, in dem die Klassenstufen von der ersten bis zur vierten Klasse gemeinsam unterrichtet wurden. Wir, frisch eingeschulten Neulinge, saßen vorn in den ersten Bankreihen. Jedes Kind bekam eine Schiefertafel mit Holzrahmen – welch ein interressantes Schulmaterial. Dazu gehörten, zum Beschreiben der Tafel, mehrere Griffel aus Graphit. Sie wurden in einem hölzernen Kästchen mit Schiebedeckel aufbewahrt, damit die dünnen Stäbchen nicht zerbrachen. Um Geschriebenes zu löschen, benutzte man ein Läppchen oder einen kleinen Schwamm – so war die Schreibfläche neu zu nutzen. Weiterhin bekam jedes Kind eine Fibel und ein Rechenbuch. In den höheren Klassenstufen gab es anstelle der Tafeln dann Hefte, Bleistifte und Radiergummi. Danach folgten die Federhalter mit austauschbaren Metallfedern sowie einem Tintenfass.

Unser Lehrer – ein strenger, uns ziemlich alt erscheinender Mann mit lichtem Haar und Brille – nahm seine Aufgaben sehr ernst. Vier Jahre lang führte er die Regie im Klassenzimmer und unterrichtete allein alle Schüler. Dazu verteilte er an drei Klassenstufen Aufgaben zur sogenannten „Stillarbeit", eine Klasse erhielt regulären Unterricht.
Auch die Fächer Musik und Zeichnen fanden mit ihm statt. Für uns Kinder war dieser Lehrer Fluch und Segen zugleich: Seine Strenge flößte allen Schülern ständig Angst ein, aber mit seinem Wissen und Kön-

nen vermittelte er solide Kenntnisse für die Zukunft. Den Musikunterricht begleitete der Lehrer auf einer Geige, das Zeichnen wurde geprägt durch sein Talent auf diesem Gebiet.

Schade, dass durch das strenge Reglement von Zucht und Ordnung keine vertrauensvolle Beziehung zwischen dem Lehrer und den Schülern wachsen konnte. Wenn ein Schüler seiner Meinung entsprechend eine Strafe verdient hatte, folgte eine Prügel-Attacke mit dem Rohrstock vor der gesamten Klassengemeinschaft. Obwohl die Prügelstrafe durch die Behörden verboten war, erlebten wir des Öfteren diese erniedriegende böse Form der ungerechten Bestrafung. Erst mit dem Einsatz von Neulehrern endete der Alptraum, der auch in mir entsetzliche Ängste auslöste.

Bis zum Ende der vierten Klasse besuchte ich die Schule im Gutshaus, danach zog unsere Familie in ein anderes Dorf. Hier fanden wir ein neues echtes Zuhause mit vier kleinen Zimmern im Dachgeschoß eines Bauernhauses.

Damit begann ein neues Kapitel in meinem Leben!!!

Hannelore Wolf

Aus der Schule geplaudert...

Ein Sprichwort sagt: Die schönste Freude erlebt man immer da, wo man sie am wenigsten erwartet hat!

Diese Worte fanden auch in meinem Leben ihre Bestätigung.

Als wissensdurstige, aufmerksame und fleißige Schülerin bemühte ich mich sehr, in die Geheimnisse der Buchstaben - und Zahlenwelt einzudringen. Zu meinen Lieblingsfächern zählte der Unterricht in Deutsch und Musik.
Voller Begeisterung teilte ich daheim mit der Familie die erlernten Schulweisheiten. Meine Mutter gehörte der Generation an, die in ihrer Schulzeit das Alphabet in deutscher Schrift schreiben und lesen lernte.
Nun bekam sie durch die eigenen Kinder „Unterricht" und eignete sich die Zeichen der lateinischen Schriftsprache an.
Eine, bei den meisten Schülern, wenig beliebte Lehrer-Ansage: „Hefte auf den Tisch, Stifte bereithalten und Ohren auf - wir schreiben ein Diktat!" Das Lesen und Schreiben von Texten bereitete mir keine Mühe und eifrig folgte ich den Ausführungen des Lehrers.

Wurde meine Leistung mit der Note „Eins" bewertet, legte ich das Heft zu Hause ziemlich stolz meiner Mutter zur Unterschrift vor. Sie freute sich natürlich und spornte ihre „Kleine" zu weiterem Fleiß an. Schließlich sollte aus mir doch mal „Etwas werden"!

So verging der Schulalltag mit dem Lernen fürs Leben. Eines Tages geschah etwas Besonderes und Einmaliges: Die am wenigsten erwartete, schönste Freude trat ein!
Zum 25. Mal hintereinander hatte ich im Diktat eine „Eins"!!! Diese Leistung veranlaßte unseren, meist strengen und unzugänglichen, Lehrer mit allen anderen Schülern eine Überraschung für mich vorzubereiten. Mein Platz im Klassenzimmer wurde der schönste Geschenke-Tisch, den man sich in der damaligen kargen Zeit nur wünschen konnte. Mit Blumen geschmückt und voller kleiner Gaben in Form von Schul-Utensilien. Ungläubig staunend stand ich davor. Dann blickte ich in die erwartungsvollen Gesichter meiner Mitschüler, lachte sie strahlend an und bedankte mich aus vollem Herzen für die gelungene Überraschung.

Dieser Moment blieb unvergesslich als wunderschönes Schulerlebnis. Zu Hause berichteten die Kinder von dem einmaligen Ereignis. Die Folgen meiner bekannt gewordenen schulischen Leistung ließen nicht lange auf sich warten: Die Eltern, deren Kinder schlechte Noten nach Hause brachten, baten bei meiner Mutter um Nachhilfe für ihre Sprösslinge.

Diese ehrenvolle Aufgabe bedeutete für mich eine Herausforderung.
So schwankte ich zwischen Hilfsbereitschaft und ängstlichem Zögern: Würde es mir gelingen, den Anforderungen gerecht zu werden? Schließlich war ich nur ein kleines schüchternes Flüchtlings-Mädchen!
Das Ergebnis der Nachhilfe und meiner Mühen als „Lehrerin" finden alle interessierten Leser in meiner nächsten Geschichte!

Hannelore Wolf

Schritte auf dem Lebensweg

Diese Geschichte beginnt mit einem kleinen Vers:

Der Tag hat viele Stunden,
viele Tage hat ein Jahr –
Und ich geh' nun zur Schule –
dass ist so wunderbar!
Hier lern' ich schreiben, lesen –
auch rechnen kann ich jetzt,
und wenn ich fleißig übe –
dann werde ich versetzt!

In unserem Dorf lebten die alteingesessenen Bauern-
familien, dazu kamen nach dem Krieg die Neu-Bau-
ern. Mit den "Flüchtlingstrecks" trafen die aus ihrer
Heimat Vertriebenen ein und wurden den Dörflern
von den Behörden zugewiesen.
Die Flüchtlinge fanden keine freundliche Aufnahme
bei den Einheimischen.
Obwohl sie durch die Folgen des Krieges ihre Heimat
und alles Hab und Gut verloren hatten, stand das ei-
gene Schicksal und das Wohl ihrer Familien für die
Dorfbewohner an erster Stelle.
Notgedrungen musste man sich mit der neuen, un-

erwünschten Nachbarschaft abfinden. So bildete sich eine Gemeinschaft, die von gegenseitiger Abhängigkeit geprägt war: Den Flüchtlingsfrauen bot man die Möglichkeit, durch die Arbeit auf dem Hof, im Stall oder den Feldern, den dringend benötigten Lebensunterhalt zu verdienen.

Den Bauern waren diese Helfer willkommene und notwendige Unterstützung, fehlten doch die auf dem „Feld der Ehre" gefallenen Söhne.

Die Hofbesitzer nutzten die Not der Helfenden oftmals aus und bezahlten für viele Stunden körperlich schwerer Arbeit einen geringen Lohn. Doch die Frauen murrten nicht und schufteten tagtäglich für ihre hungrigen Kinder.

Rückblickend auf die vorangegangene Schulgeschichte nun zum weiteren Geschehen, das die Nachhilfe für lernschwache Mitschüler zum Inhalt hat.

Eine Neubauern-Familie aus der Nachbarschaft bat um Unterstützung für ihren Sohn. Mein Mitschüler, der von unserem Lehrer öfter eine Prügelstrafe wegen schlechter Noten aushalten mußte, benötigte meine Hilfe im Schreiben am dringendsten.

In der Familie führte der Vater ein strenges Regiment. Josef und seine Brüder halfen den Eltern tagtäglich im Stall und bei der Ernte auf den Feldern. Da blieb kaum Zeit zur Erledigung von Schulaufgaben – ohnehin zweitrangig für die Bauersleut'.

Meine Mutter führte mich in mein neues „Amt" bei den Nachbarn ein. Mit klopfendem Herzen betrat ich die ungewohnte Umgebung und schaute mich ängstlich um.
Welch ein Unterschied zu unserer Behausung in der Armen-Kate des Dorfes. Die Erwachsenen regelten den Ablauf der Nachhilfestunden. Josef und ich sahen uns schüchtern und beklommen an. Würde es mir gelingen, dem Nachbarssohn durch eifriges Üben zu besseren Noten zu verhelfen?
Meinen Auftrag nahm ich sehr ernst und begann die Übungsstunden am Wohnzimmertisch der Familie mit meinem „Schüler".
Es war ein schwieriges Unterfangen, da Josef – vom strengen Vater sehr eingeschüchtert – ziemlich unsicher reagierte.
Fortan trafen wir uns regelmäßig – bis zum nächsten Diktat in der Schule.
Das Ergebnis war niederschmetternd und für Josef eine Katastrophe. Trotz aller Mühen prangte wieder eine „Fünf" als Note im Heft. Josef schaute mich völlig verzweifelt an, ich versuchte voll Mitgefühl – ihn zu trösten. Uns beiden Kindern stand die schreckliche

Reaktion des Vaters beim Vorlegen des Diktatheftes vor Augen.

Nach der Schulstunde gingen wir gemeinsam zu seinem Elternhaus. Die Erwachsenen hatten ihr Tagwerk noch nicht vollendet, so verblieb uns eine Galgenfrist in banger Erwartung. Josef begann leicht zu zittern, als er die polternden Schritte des Vaters im Flur vernahm. Er kannte die Art der Bestrafung, die ihn erwartete.

Mir war dieses Verhalten fremd und erschien mir sehr ungerecht. Mein Vater kehrte nach Kriegsende nicht mehr heim und galt als vermisst. Meine Mutter lebte mit uns vier Kindern allein und der Alltag verlief meist harmonisch.

Nun betrat Josefs Vater den Raum und begrüßte uns zunächst freundlich. Dann fragte er nach dem Ergebnis im Diktat.

Sein Sohn übergab im zögernd das Heft, der Vater blickte hinein – dann schoss eine tiefe Zornesröte in sein Gesicht. Er griff nach Josef, beschimpfte ihn voller Wut und schlug auf ihn ein. Als er den Griff lockerte, kroch der Misshandelte schnell unter den Tisch, ich flugs ihm hinterher. Wir waren vor Angst wie gelähmt – was würde nun geschehen?

Der Vater löste den Lederriemen von seiner Hose, zog Josef unter dem Tisch hervor und schlug erneut auf ihn ein. Mich ergriff Panik, schreiend rannte ich aus dem Zimmer und lief in Windeseile nach Hause.

Weinend berichtete ich meiner Mutter von dem furchtbaren Geschehen im Haus des Nachbarn. Mit bebenden Lippen bat ich sie inständig, mich nicht mehr zur Nachhilfe dorthin zu schicken. Sie versprach es mir sofort, denn mein Wohlergehen lag ihr sehr am Herzen.

Meine Mutter führte nach dem Vorfall ein Gespräch mit Josefs Vater, wobei darüber kein Wort über ihre Lippen kam. Josef tat mir unendlich leid, aber sein Schicksal lag nicht in meiner Hand.

So endete das Kapitel „Nachhilfe" – eine bittere Erfahrung in meinem jungen Leben.

Hannelore Wolf

Einmal Schule – immer Schule

Ab der 5. Klasse war der Schulweg noch länger. Nun mußte ich zu einem Schulhaus, das in der der Nähe vom Schloß lag. Manchmal, wenn ich nachmittags noch Christenlehre hatte, blieb ich bei meiner Cousine, die auch in meine Klasse ging und im Dorf wohnte.

Ich war keine Musterschülerin, aber von heutiger Schicht aus, „guter Durchschnitt. Ich war an allem Neuen interessiert, lernte leicht, behielt gut, stellte Fragen und gehörte zu den Klassenbesten. Eines Tages sprach eine Lehrerin meine Mutter an und sagte zu ihr: „Wenn aus ihrer Tochter mal was werden soll, dann muß sie in die Pionierorganisation eintreten". Ich war bis dahin nicht Pionier, weil meine Mutter eine strenggläubige Christin war. Nun durfte ich, mit 12 Jahren, doch in die Pionierorganisation eintreten. Dadurch kam ich auch in einen Laienspielzirkel, der von einem Lehrer geleitet wurde. Wir führten mehrere Märchenspiele und auch neue Stücke wie „Timur und sein Trupp" in der Gaststätte Hucksold auf.

An ein Stück „Elfriede, Wurzelmann und Troll" kann ich mich noch gut erinnern. Es spielte im herbstlichen Wald und ich war ein Champignon. Für meine

Kostümierung hatte mir meine Schwester Erika, die sehr geschickt war, einen Hut mit einer weißen Oberseite und einer braunen Unterseite gebastelt. Dazu trug ich Hose und Pullover. Bei der Aufführung begann ich dann meinen Text:

„Der Knollenpilz, der bitterböse,
ihr wißt, den niemand leiden kann,
der hat der alten armen Resi
heut was Schreckliches angetan.
Wir standen beide Seit an Seite
im tiefen Moose halb versteckt.
Da hat die Resi uns wohl beide
zur gleichen Zeit darin entdeckt.

Sie stutzt und will nur mich mitnehmen,
da schiebt der alte Bösewicht
mich schnell zur Seite, ohne Schämen
und läßt sich pflücken und mich nicht.
Nun wird die Resi ihn wohl kochen
und stirbt vielleicht an seinem Gift
und jeder glaubt, ich hab's verbrochen.
Ist das nicht ganz füchterlich?"

Bis dahin sagte ich meinen Text fehlerfrei auf. Dann wußte ich nicht weiter und rannte weinend hinter die

Bühne.

Die Zeit verging und wir wurden in der 7. Klasse nach den Berufswünschen gefragt. Ich schrieb „Büroange-stellte" auf.

Am Ende der 8. Klasse wurde ich zur Mittelschule Teltow delegiert. Ich war die einzige aus meiner Klas-se, die diese Chance bekam. Die Mittelschulen waren die Vorläufer der späteren 10-klassigen „Polytechni-schen Oberschulen" der DDR.

In meiner neuen Klasse waren Schüler aus Teltow, Ruhlsdorf, Stahnsdorf – und ich – als Einzelne aus Güterfelde. Nun war mein Schulweg noch weiter.

Wie kam ich dort hin? Ich hatte ein altes Fahrrad von meiner Cousine Ursula geschenkt bekommen. Das wurde repariert. Damit „strampelte" ich jeden Schul-tag 7 km hin zur Schule und 7 km zurück nach Hau-se.

Nun war ich nicht mehr die Beste, sondern eine unter vielen guten Schülern. Kaum war ein Monat vergan-gen, wurde meine Mutter wegen „Krebs" ins Städti-sche Krankenheus in Potsdam eingeliefert.

Meine Schwester und ich wohnten nun allein in un-serem Häuschen und sollten jetzt den Haushalt, die Tiere und uns versorgen, sowie zur Lehre nach Wer-der oder zur Schule nach Teltow fahren. Das schaff-ten wir nur schlecht und alles ging da „drunter und drüber". Einmal war ich so unaufmerksam daß ich meine Schultasche vom Fahrrad in Stahnsdorf verlor. Ich fiel „aus allen Wolken", weil ich sie nicht mehr fand, als ich vom Fahrrad in Teltow abstieg. Ich weiß nicht mehr, wie ich wieder zu meiner Mappe kam, aber es meldete sich jemand, der sie gefunden hatte.

Zu Weihnachten wollte meine Mutter aus dem Krankenhaus nach Hause. Da die Ärzte nichts mehr für sie tun konnten, ließen sie sie gehen. Nun lag meine Mutter im Bett und wartete auf ihr Ende. Zwei meiner Schwestern, die Krankenschwestern waren, kamen oft zu ihr und versorgten sie mit Schmerzmitteln.

So kam der 1. März 1958, der Tag der NVA, heran. An diesem Tag hatten wir „Wandertag" und besuchten die Kasernen in Stahnsdorf. Als ich nach Hause kam, war meine Mutter tot.

Da ihr Tod absehbar war, war meiner Mutter versprochen worden, daß ich zu meiner Schwester Liesbeth nach Wittstock/Dosse kommen sollte. Sie war verheiratet, hatte einen Mann und zwei vierjährige Kinder. Nach der Beerdigung meldete man mich von der Teltower Schule ab und ich kam mit dem Halbjahreszeugnis von 1957/58 zur Mittelschule Wittstock/-D. Hier kam ich in eine schon gefestigtes Klassenkollektiv. Ich war hier Außenseiter, aber nicht Spitzenreiter, sondern war im Schulstoff weit zurück.

Um nicht verseztungsgefährdet zu werden, übernahm eine gute Mitschülerin eine Lernpatenschaft über mich. Langsam arbeitete ich mich an das Niveau der Gruppe heran.

Nun hatte sich meine Schwester in den Kopf gesetzt, daß ich Unterstufenlehrerin werden sollte, obwohl ich mich dazu nicht eignete. Ich wagte es nicht, mich dagegen aufzulehnen, schaffte auch den Abschluß der 10. Klasse mit „gut" und wurde mit noch sieben anderen Mädchen aus Wittstock und Umgebung im Lehrerbildungsinstitut Kyritz aufgenommen.

Aber zur Pädagogik war noch ein weiter Weg. Wir wurden mit noch 14 weiteren Mädchen, die aus Rathenow, Premnitz und anderen Orten des Havellandes kamen, zu einem „Landjahr" nach Döllen, 17 Kilometer von Kyritz entfernt, geschickt. Wir bekamen ein Quartier in der ehemaligen Dorfschule und sollten das Landleben kennenlernen, denn wir wollten ja Landlehrer werden und die LPG unterstützen. Wir halfen bei der Kartoffelernte, arbeiteten in den Ställen, verzogen im Frühjahr die Rüben. Die Einteilung nahm Herr Rabe vor. An einem Tag in der Woche war Unterricht. Da nahmen wir noch mal den Stoff der 10. Klasse durch, damit wir ihn nicht ganz vergessen sollten. Von Pädagogik lernte ich nur, daß Paidagogos Knabenführer heißt.

Von einer Episode aus dem Herbst 1959 möchte ich noch berichten.

Wir hatten uns gerade in Döllen eingelebt, der „Tag der Republik" stand am 7. Oktober bevor und wir sollten ein Programm aufführen.

Am 6. Oktober hatte jemand aus unserem Zimmer Geburtstag. Wir gratulierten ihr und tranken auch ein Gläschen „Domherr". Davon blieb etwas übrig. Den Rest tranken wir dann vor unserem Auftritt am 7.10. zur Aufmunterung. Als wir am Schluß auf der Bühne standen und den Text aufsagten, der ungefähr hieß:

„Wenn ich am staatlichen Feiertag
so durch unsre Straßen gehe,
ärgere ich mich grün und blau,
weil ich keine Fahnen sehe.
Ich hänge auch keine raus,
aber das hat einen Sinn,
weil jeder weiß,
wie sozialistisch ich bin."

Dann wirkte der „Domherr" und wir bekamen einen Lachanfall. Damit war das Programm zu Ende. Am nächsten Tag bekamen wir einen Rüffel.

Nach einigem Auf und Ab wurde ich Unterstufenlehrerin und kämpfte mich durchs Arbeitsleben.

Gela, 5.-7.12.2019

Schule ist ~~doof~~ - schön

Wie wichtig und welch ein kostbares Gut die Schule ist, das begreift man immer erst später. Nicht immer ist alles schön in der Schule. Manchmal ist man ein Außenseiter, oder wird zu einem gemacht. Es gibt sicher auch lustlose oder überforderte Lehrkräfte, die weder gut für sich noch für Schüler sind. Die Lehrpläne sollten dringend geändert werden. Zum Beispiel sollten Fächer wie: Gesunde Ernährung, Gesundheitsfürsorge, Umgang mit Geld und richtige Bewegung gelehrt werden. Kreative Fächer sollten nicht benotet werden, denn wer kann sich anmaßen, eine Zeichnung mit einer „6" zu bewerten, die vielleicht morgen ein neuer "Picasso" ist?

Aber trotz allem, was nicht gut läuft, so haben die Kinder doch das Privileg, jeden Tag in die Schule gehen zu können. Unabhängig von äußeren Bedingungen. Das ist ein großes Gut.

Und wie groß dieses Gut ist, hat sich in den letzten Monaten gezeigt.

COVID-19 (Coronavirus SARS-CoV-2)

Es ist eine verrückte Zeit, diese Zeit. Plötzlich gibt es Abstandsregeln, es gibt Hamsterkäufe, es gibt Mund-Nasen-Schutz. Die Schulen, die Kitas, viele Unternehmen - geschlossen. Kurzarbeit und Arbeitslosigkeit nehmen zu. Das Gesundheitswesen steht auf dem Prüfstand.

Ein Virus - Covid-19 - zwingt die Menschen weltweit, die Zeit, die Lebenszeit, die gesunde Zeit, zu schätzen.

Die Hektik wird abgeschaltet. Freizeitstress mit x Terminen - gibt es nicht mehr. Jetzt gibt es Konzentration auf sich selbst, auf die Organisation der nächsten Wochen im Home-Verband, mit Home-Schooling, Home-Office und Familienmitgliedern, die plötzlich viel mehr in der Familie anwesend sind.

Wenn wir früher als Schulkinder jammerten (von Montag bis Samstag war Schule), dass wir samstags nicht mehr in die Schule wollen, so würden die Kinder gerade jetzt wieder sehr gern in ihrem Klassenverband lernen. Viele Eltern meistern es sehr gut, die Kinder zu Hause zu unterrichten, und es gefällt auch den Schülern. Aber die Freunde sind nicht da, man kann sie nicht treffen.

Die Lehrer geben Hausaufgaben auf, Mails werden geschrieben, Programme entwickelt und angewendet, neue Wege gesucht, um über das Internet mit den Schülern in Verbindung zu bleiben. Die Eltern müssen neue Aufgaben übernehmen, denn Erfah-

rung mit Hausunterricht haben auch sie nicht.
Und trotzdem geht so viel und es geht relativ gut.

Ich ging immer gern zur Schule. Ich hatte meine Freundinnen und nach dem Unterricht verabredete man sich zum Spielen, zu den Hausaufgaben, später zum Kino, zum Baden oder sonstigen Aktivitäten.
Die Kinder, die jetzt zu Hause bleiben müssen, die finden es oft gar nicht so schlimm. Aber sie vermissen ihre Freunde, ihre Spielgefährten und den direkten Austausch mit Lehrern und Klassenkameraden.
Dieses Netzwerk, das war zu meiner Zeit sehr wichtig und ist es auch noch heute. Es rückt heute wieder ins Bewusstsein.
Jetzt, wo die Kinder sich nur noch virtuell treffen können, wo ein „Sich-direkt-Gegenüberstehen" nicht möglich ist, merken sie, das der Schulhof, die Begegnungen und die Gemeinschaft doch sehr viel wert sind.
Besinnen wir uns darauf, achten wir auf gemeinsame reale Zeit.

Carmen Sabernak

Russisch lernen war nicht einfach - Russich lehren manchmal sogar schwerer

Nach dem Ende des zweiten Weltkrieges begann unsere Schule eigentlich recht schnell. Da wir damals russische Besatzungszone waren, wurde festgelegt, dass wir die russische Sprache zu lernen hatten. Diese Anweisung brachte für alle Beteiligten große Schwierigkeiten. Wir Kinder wollten nicht und Lehrer dafür gab es so gut wie nicht. So bekamen wir erst einmal eine Frau, die uns unter Alkoholeinfluss erklärte, dass sie nicht geschlechtlich normal war. Sie wurde umgehend aus dem Schuldienst entlassen. Danach bekamen wir eine Russin. Sie war mit einem Deutschen verheiratet und für uns viel zu lieb. (Weiß ich aber erst heute). Es war ja Winter und sie war ganz schrecklich angezogen. Ein beigefarbener Teddymantel wurde von einer schwarzen Kordel in der Taille zusammengehalten, sodass sie aussah wie zwei aufeinander gesetzte Teddykugeln. Darüber war ihr Kopf modisch in einen schwarzen Schal gehüllt und war so der Kopf auf den beiden Teddykugeln. Kinder sind manchmal grausam und wir waren Kinder, wozu noch kam, dass wir Russisch nicht wollten.

Unsere Klasse hatte vorn die große Tafel und daneben den Klassenschrank. Zwischen beiden stand eine große Holzkiste als Papierkorb. Eines Tages, an dem wir uns, Lehrerin und Schüler, wieder gegenseitig quälten, passierte es dann. Ein Schüler an der Tafel machte, statt der geforderten Aufgabe, den Klassenclown. Die Lehrerin stürmte durch den Klassenraum nach vorne, um den Schüler zurechtzuweisen.

Wir haben nie erfahren, wie es dazu gekommen ist. War sie einfach nur gestolpert oder war vielleicht aus der vordersten Bankreihe ein Bein im Wege, dass sie zu Fall brachte. Wir wissen es nicht. Jedenfalls machte sie im Vorwärtsgang noch ein paar Schritte um die Balance wiederzufinden. Das gelang ihr aber nicht, sondern beschleunigte nur den Fall. Sie stürzte kopfüber in den Papiekorbkasten. Im Augenblick war vor Schreck Stille in der Klasse. Dann war der Anblick aber derart komisch, denn trotz allem Zappeln konnte sie sich nicht befreien. Sie steckte, die Beine nach oben, in der Kiste fest. Ich glaube kein Mensch hätte sich bei diesem Anblick das Lachen verkneifen können. Nachdem wir wieder denken konnten, haben wir sie aus der Kiste befreit. War ganz einfach. Kiste umgekippt und Lehrerin herausgezogen. Wortlos ergriff sie ihre Sachen und verschwand aus dem Klassenzimmer. Wir haben sie nie wieder gesehen.

Am nächsten Tag waren wir nun gespannt, wie es mit dem Russischunterricht weitergehen würde. Unsere Klassenlehrerin gab uns dann Bescheid. Sie sagte, dass unsere Russischlehrerin nicht mehr im Dienst der Schule ist. Eine Strafe gab es nicht, denn es war unklar, ob jemand beim Sturz nachgeholfen hat. Unsere Heiterkeit war zwar nicht schön aber auch nicht zu ahnden. Und dann lachte unsere Klassenlehrerin uns fröhlich an und erklärte folgendermaßen. "Wenn ihr glaubt, dass ihr nun kein Russisch habt, dann irrt ihr euch gewaltig. Jetzt übernehme ich den Russischunterricht. Ihr guckt dumm, weil ihr meint ich kann kein Russisch. Da habt ihr recht. Aber ich kann Tschechisch. Das ist ähnlich wie Russisch. Und euch zu liebe mache ich eben auch Hausaufgaben damit ich euch gut unterrichten kann."

Da hatten wir nun den Salat. Im Nachgang muss ich sagen, dass es das Beste war was uns passieren konnte. Wir hatten von da an Russischunterricht nach allen Regeln der Kunst. Es fing sogar an, uns Spaß zu machen. So wie wir Deutschunterricht hatten, war auch der Russischunterricht gestaltet. Wir lernten die Unterschiede der Sprachen kennen, wie man sachlich richtig ein Wörterbuch zur Übersetzung benutzt. Aber auch die Kultur des Landes und seine Geschichte.

Als wir später eine andere Russischlehrerin bekamen, war die über unseren guten Wissensstand erstaunt. Zu unserer Ehre muss ich sagen, die haben wir nicht mehr geärgert und sie hat uns einmal sehr geholfen. Abschließend kann man nur sagen, so eine Super – Klassenlehrerin wie unsere damalige, habe ich nie wieder kennengelernt. Trotzdem wir wirklich manches Mal unmöglich waren, hat sie immer zu ihrer Klasse gehalten und sie hat auch nie einen Klassenliebling gehabt. Alle gleichermaßen gefördert und für das spätere Berufsleben vorbereitet. Sie konnte auch streng sein, aber es gab keinen Zweifel, dass sie uns nie im Stich lassen hätte. Dafür kann man nur "Danke" sagen.

Eva-Maria Kluck

Dominoeffekt

Heute habe ich den neuen Band unserer Bücherreihe "Perlen der Vergangenheit" erhalten. Neugierig sofort durchgesehen. Es sind ja immerhin Erinnerungen an unser Leben und es kommt mir in den Sinn, dass es mir mein hohes Alter vergönnt, die Entwicklung von mehreren Generationen Revue passieren zu lassen. Es ist auch erfreulich, dass sich immer mehr junge Leute für die Vergangenheit ihrer Familie interessieren. Lange versuchte man ja leider bestimmte Zeitabschnitte in der Erinnerung zu streichen.

Als ich so im Büchlein blätterte, fiel mir eine kleine Erläuterung ins Auge. Eine ganz winzige Fußnote. Wir alle waren von dem plötzlichen Ableben der Frau Rosemarie Popp betroffen. In der Erinnerung an sie als Chorleiterin war besonders das Lied "Abendglocken". Die kleine Fußnote gab nun an, dass es die Melodie des russischen Volksliedes „Wetscherniy swon" ist. Da machte es bei mir Klick und vor meinem inneren Auge stand unser Klassenchor im letzten Schuljahr, das war 1949. Damals, Klasse acht der Grundschule, hatten wir bei den Lehrern den schlechtesten Ruf. Wir waren die

Rabauken der Schule.

Nicht ganz unberechtigt, denn es gab in unserer Klasse viele überalterte Schüler, die durch die Flucht aus Pommern, Ostpreußen und Schlesien geprägt waren. Heute würde man sagen "Traumatisiert".

Als nun der jährliche Chorwettbewerb vor der Tür stand, wurde überlegt, ob man uns überhaupt teilnehmen lassen sollte, zumal die Musiklehrerin uns sowieso nicht unterrichten wollte. Wir durften mitmachen, weil man annahm, dass wir sowieso keinen Blumentopf gewinnen würden.

Zu dieser Zeit mussten wir Russisch lernen. War nicht gerade beliebt. Doch nun kam etwas, was wir nicht für möglich gehalten hatten. Unsere Russischlehrerin, noch jung an Jahren, machte uns einen tollen Vorschlag. Sie war neben unserer Klassenlehrerin die einzigste, die uns verstand und uns trotz des schlechten Rufes helfen wollte. Sie hatte Musik studiert und bot uns an, in Sachen Chor zu helfen. Zwei Bedingungen mussten erfüllt werden.

Erstens kein Wort zu anderen Klassen und – Russisch lernen. Letzteres war Grundbedingung. Sie machte uns nämlich den Vorschlag, russische Volkslieder darzubieten und dazu muss unser Russisch gut sein. Na ja – was macht man nicht alles, wenn man Andere damit ärgern kann. Wir büffelten das ungeliebte Russisch und ehrlich, wir hatten an der ganzen Angelegenheit einen riesigen Spaß.

Dann kam der entscheidende Tag des Chorwettbewerbes. Diesen Tag werden wir wohl alle nie vergessen. Es kamen alle anderen vor uns auf die kleine Bühne unserer Aula. Dann wir. Als wir sangen wurde es immer stiller. Drei russische Volkslieder waren in unserem Programm. "Wetscherniy swon", vom zweiten weiß ich den Titel nicht mehr. Dann unser Höhepunkt: "Kalinka". Es war einfach super.

Einer unserer ärgsten Rabauken hatte eine wunderbare Stimme und brachte den Solopart des Liedes in einwandfreiem Russisch, selbstsicher und unbeeindruckt von der Situation. Dann kam die Entscheidung. Es war unglaublich. – Wir, ja wir, hatten den Wettbewerb gewonnen.

Es gab viele betretene Gesichter. Wir aber waren glücklich. Allerdings glaube ich, unsere Klassenlehrein war es auch. Ihre, von ihren Kollegen ungeliebte, Klasse hatte gezeigt, dass sie etwas schaffen konnte. Unsere Russischlehrerin hatte uns jedenfalls davon überzeugt, dass auch Russisch lernen Spaß machen kann. Wir waren jedenfalls alle rundum zufrieden.

Wenn ich an die Schulzeit zurückdenke, muss ich sagen, dass sie, geprägt vom Ende des zweiten Weltkrieges, nicht einfach war.

Voller Dankbarkeit denke ich oft an unsere Klassenlehrerin der letzten Schuljahre zurück. Sie hat es geschafft uns zum guten Abschluss der Schulzeit zu führen. Bis heute ist sie für mich und auch für viele Mitschüler die beste Lehrerin in unserer Schulzeit gewesen. Ich bin ihr jedenfalls bis heute noch dankbar.

Eva-Maria Kluck

Das Wandern sei der Schüler Lust!?

Unter diesem Motto gab es auch im Jahr 1949 Wandertage für die Schüler der Klassen sechs bis acht der Grundschule (Eigenherdschule) in Kleinmachnow.

So auch in meiner Klasse, der Klasse acht. Die "Wandertage" waren nicht unbedingt beliebt bei uns Schülern. In den Nachkriegsjahren war die Schuhfrage noch nicht so richtig gelöst und so hatten viele von uns zu kleine oder zu große Schuhe. Das war natürlich nicht gerade die beste Grundlage für eine fröhliche Wanderung. Unsere Klassenlehrerin war aber gut und suchte als Ziel eine Gaststätte aus, die direkt an der Dampferanlegestelle in Ferch am Schwielowsee lag.

So konnten wir einen Teil der Strecke mit dem Bus und dem Dampfer zurücklegen und lernten auch so gleich die Havel kennen. An der Gaststätte angekommen, mussten wir feststellen, dass die Badestelle, auf die wir uns alle freuten, am gegenüberliegenden Ufer war. Kann ja nicht so weit sein, denn die Gaststätte lag ja am Ende des Sees und da war der See nur noch eine kleine Bucht. Also los!

Das Endchen schaffen wir dann doch noch zu Fuß. Was wir aber nicht wussten war, dass Wasserstrecken schlecht einzuschätzen sind und so waren wir recht fußlahm, als wir an der Badestelle ankamen. Darum erst einmal ausruhen und das Pausenbrot verzehren. Aber Schreck lass nach, es fehlten drei Jungen. Rätselraten. Was ist den Dreien, sie waren ja bekannt für ihren Einfallsreichtum, nun wieder passiert?

Lange brauchten wir nicht zu warten. Da tauchten aus dem Wasser unsere drei Helden auf. Allerdings nicht sehr fröhlich, denn auch sie hatten die Breite des Wassers unterschätzt. Aus der geplanten lustigen Überraschung wäre beinahe ein tragisches Unglück geworden. Einem unserer drei Helden hatte, so ungefähr auf der Hälfte der Strecke, die Kraft verlassen und er wäre beinahe ertrunken. Die beiden anderen hatten das Gott sei Dank noch rechtzeitig bemerkt und es gelang ihnen, ihren Freund wechselweise und streckenweise auch zu zweit, bis an das rettende Ufer zu schleppen. Total erschöpft lagen sie nun im Sand. Uns ist natürlich in diesem Augenblick auch der Spaß vergangen. Da zeigte sich, wie auch schon bei anderen Angelegenheiten, die Größe unserer Klassenlehrerin. Nach Überwindung der Schrecksekunde wurde eingeteilt. Wir mussten uns alle im Kreis hinsetzen. Unsere drei Helden mussten, als sie wieder ruhiger atmen konnten, aufstehen, bekamen von uns jeder eine Decke und mussten dann immer um unseren Kreis laufen. Unsere Lehrerin erklärte uns, dass das keine Strafe ist, sondern notwendig, um die Unterkühlung zu überwinden. Nach jeder Runde mussten sie stehen bleiben und Atemübungen machen. Wir Anderen haben in dieser Zeit Ratespiele gemacht. Allerdings kam keine so richtige Freude auf. Erst als sich unsere drei Helden wieder erholt hatten, konnten wir unseren Ausflug genießen. Etwas schadenfroh warteten wir in den nächsten Tagen, wie wohl die Strafe ausfallen würde. Doch es passierte nichts. Auf unsere Frage erläuterte unsere Lehrerin, dass die Drei Strafe genug in dem Geschehen erhalten hatten. Die Angst, die sie bestimmt in der Situation gehabt haben, aber auch den Mut und die Einsatzbereitschaft ihren Freund zu retten, sind bestimmt eine Lehre fürs Leben gewesen. An ihrer Ehre hat bestimmt auch die Tatsache, daß sie in einem recht jammervollen Zustand um unsere Gruppe laufen mussten, ganz schön gekratzt. Sie waren in der folgenden Zeit auch recht kleinlaut. Ich persönlich hatte natürlich auch etwas gelernt. "Laufe nie mit Schuhen, die nicht passen". Die Blasen, die ich mir um den See erlaufen hatte, haben fast zwei Wochen gebraucht, um zu heilen.

Eva-Maia Kluck

Horizonte

Zur Zeit läuft ein Film in unseren Kinos mit dem Titel: „Dem Horizont so nah". Ein Liebesfilm – Drama nach wahrer Begebenheit. In diesem Zusammenhang fiel mir ein, wann ich zum ersten Mal mit dem Begriff Horizont zu tun hatte.

Das ist lange her. Ich war ein kleines Mädchen, 5 oder 6 Jahre alt und mit meinen Eltern und meinem jüngeren Bruder an der Ostsee. Wir fanden es herrlich im warmen Sand zu spielen und in den seichten Wellen zu planschen. Doch zu schnell verging die schöne Zeit und der letzte Tag am Strand war gekommen. Es hieß: „Wir müssen Abschied nehmen". Nein, wir wollten noch bleiben, wollten nicht nach Hause fahren. Oben, von der Düne aus, schauten wir auf die Ostsee. Ich sah diese Linie ganz weit hinten, da wo der Himmel in die Ostsee zu fallen schien und fragte: „Was ist das für ein Strich? Ist die Ostsee dort zu Ende? Was ist dahinter? Können wir vielleicht dort hinfahren? Mit einem Boot?" So viele Fragen hatte ich plötzlich. Meine Eltern erklärten mir diese Linie und ich erfuhr, das ist der Horizont. Und das wir natürlich nicht dahinfahren können, nicht nachschauen können, was dann kommt. Mit der unbefriedigenden, unerklärbaren Tatsache eines unerreichbaren Horizontes habe ich mich wohl abgefunden. Unzählige Horizonte hat es im Laufe meines Lebens gegeben. Lexika und Dr. Google sagen uns, dass man 3 Definitionen des Begriffs Horizont unterscheidet.

Erstens: Die Sichtgrenze als Linie in der Ferne, an der sich der Himmel und die Erde scheinbar berühren. Eine Linie, die den Himmel von der Erde abgrenzt.

Zweitens: Horizont – als geistigen Bereich eines Menschen, den er überblickt und in dem er ein Urteilsvermögen hat. Dazu kann man zählen „Seinen Horizont erweitern", „aufbrechen zu neuen Horizonten", also Sichtweisen zulassen oder verwerfen.

Drittens: Horizont als Auffassungsgabe. Man hat einen engen oder weiten Horizont. Jeder Mensch kann Einfluss nehmen, im Rahmen seiner Lebenssituation. Wir kennen Redensarten im Zusammenhang mit dem Wort und der Bedeutung, z. Bsp:. „Die Sonne verschwindet hinter dem Horizont" oder „Hinter dem Horizont geht's weiter". Tatsache aber ist, auf dem Weg zum Horizont wird man nie ankommen. Es gibt immer einen neuen, immer neue Horizonte

– rund um den Globus. Das Ziel Horizont ist uner-
reichbar.

Horizont – ein interessanter Begriff, vieldeutig und
jedem Menschen zu eigen … wie auch immer. Tun
wir etwas für die weiten, schönen Horizonte in – und
um uns. Vielleicht im nächsten Sommer irgendwo am
See oder Meer einen Sonnenuntergang, golden auf
glitzerndem Wasser, erleben. Dann bist du Mensch
und sagst zum Augenblick: „Verweile doch, du bist
so schön".

Margrit Prauß

Herr Schlosser und Schnubbel

Es war Sommer im Jahr 1960. Unsere kleine Grundschule für die Klassen 1-8 war der Ort, an dem wir Kinder ein ziemlich solides Wissen vermittelt bekamen. Der Schulchor erfreute sich großer Beliebtheit und wurde bei vielen verschiedenen Gelegenheiten auch gern gehört.

Herr Schlosser war der Musiklehrer und gleichzeitig Chorleiter. Alle mochten ihn, Musik war sein Leben. Er liebte es mit uns, „seinen Kindern", wie er manchmal sagte, zu musizieren. Meistens begleitete er uns am Klavier, ab und zu spielte er auch Akkordeon. Er war der älteste der Lehrer, groß und kräftig, ein freundlicher, eher Opa als Lehrertyp. Im Chor waren ungefähr 25 Mädchen und Jungen. Heidi, Christine und ich gehörten auch zu den Chorkindern.

Nicht nur das, nein, wir durften immer die unter Mädchen beliebte „1. Stimme" singen. Ein Privileg sozusagen, denn Herr Schlosser war der Meinung, wir wären die 3 Nachtigallen des Ganzen. Mit Eifer und engelsgleich sangen wir das ganze Repertoire von Schuberts „Forelle", „Ännchen von Tharau", „Sind die

Lichter angezündet" bis hin zur „Internationale". Herr Schlosser wohnte gegenüber der Schule in einer alten, großen Villa und hatte außer seinem Sohn Hans-Peter noch eine ältere Tochter. Hans-Peter sang auch im Chor. Aber niemand nannte Hans-Peter, Hans-Peter. Er hieß „Schnubbel" und diesen Spitznamen verdankte er seinem Vater. Warum und wieso – keiner wusste es. So war der Sohn unseres Chorleiters bei Lehrern und Schülern eben Schnubbel. Schnubbel ging in die 8. Klasse. Er war der Schwarm fast aller Mädchen: groß, sportlich, blonde Locken, Sonnengebräunt, wild und ungestüm, so war er. Zwangsläufig mussten die Lehrer und Lehrerinnen öfter zu disziplinarischen Maßnahmen greifen. Sehr zum Ärger unseres Herrn Schlossers. Schnubbel konnte wunderbar singen. Aber manchmal tat er dies absichtlich etwas falsch und so brachte er seinen Vater in „Rage".

Doch nun erinnere ich mich an jenen Hochsommertag, kurz vor den Ferien. Es war wirklich sehr heiß und wir probten noch einmal für die Entlassungszeremonie für die Schüler der 8. Klasse. Diese verteilten sich an weiterführende Schulen oder begannen eine Berufsausbildung. Alles war bereit, der Chor in Aufstellung neben dem Klavier. Nur einer fehlte. Plötzlich wurde die Tür aufgerissen und Schnubbel stürmte ins Musikzimmer. Es war unglaublich, er war barfuß und nackt bis auf eine Dreieckbadehose in blau! Die Badehose war geknotet aus einem Pionierhalstuch. Unfassbarer Skandal ... der arme Herr Schlosser ...! Außer sich schrie er seinen Sohn an: "Raus hier – Bulle – so singt doch kein Schwein!" Dieser völlig irre, sinnlose Satz unseres Musiklehrers ging genau so in die Geschichte der Schule ein. Ich weiß nicht mehr was dies alles für Konsequenzen ergab. Schnubbel hatte überzogen, das war klar. Man stelle sich vor, dieser Bursche hat ein blaues Pionierhalstuch von den Kleinen (1.–5. Klasse), ja man könnte fast sagen, er hat es auf diese Art und Weise „entweiht". Ab der 6.Klasse waren die Halstücher rot – Thälmann – Pioniere.

Im Sommer drauf verließ auch unsere Klasse diese Schule. Nur wenige Jahre später verbreitete sich die Nachricht vom tragischen Unfalltod Schnubbels. Er war mit einem Motorrad verunglückt, 18 jährig. So eine Tragik!

Bei allen Klassentreffen, auch viel später noch, wurde die Story von Schnubbel, dem Chor und Herrn Schlosser erzählt. Sie gehören zu unserer Kindheit als liebenswertes Besonderes.

Margrit Prauß

Das Leiden der jungen "H"

In früheren Zeiten gab es ein Kinderbuch, das auch noch heute in manch einem Kinderzimmer zu finden ist: „Der Struwwelpeter"!
Dieses Bilderbuch von Heinrich Hoffmann – erstmals 1845 unter anderem Titel veröffentlicht – enthielt Geschichten, die das Leben schrieb. Der Verfasser gab vielen Eltern damit ein Werk in die Hände, das auf ihre Sprösslinge eine erzieherische Wirkung ausüben sollte. In Wort und Bild enthielt es vielerlei bunte Darstellungen über Kinder und ihre „Unarten". Diese Bildgeschichten nahmen meist ein böses Ende und beeindruckten die jungen Zuhörer oder Leser nachhaltig.
Eine dieser Geschichten traf inhaltlich auch auf meine kindliche Persönlichkeit zu: „Der Suppenkasper".

Meine ersten vier Schuljahre verbrachte ich an einer Dorfschule, an der es zum Glück für die Flüchtlingskinder täglich eine Schulspeisung gab. In der großen Pause – während der Mittagszeit – saßen wir Schulkinder im Klassenzimmer auf unseren Plätzen. Hungrig verspeisten wir die warme Mahlzeit, die fleißige Kochfrauen für uns zubereitet hatten.

An manchen Tagen gab es zu meinem Leidwesen eine Speise, die ich verabscheute: Haferflocken-Suppe! Schon der Anblick des gefüllten Tellers löste bei mir einen starken Widerwillen aus.

Innerlich wehrte ich mich gegen diese Nahrungsaufnahme, obwohl ich sie bitter nötig hatte. Meine zierliche Statur konnte die Stärkung gut vertragen. – Aber es gelang mir nicht, meine Abneigung zu überwinden. Mein sensibler Geruchs- und Geschmackssinn sendeten, wie in der Geschichte vom Suppenkasper beschrieben, die Signale: „Ich esse keine Suppe! Nein! Ich esse meine Suppe nicht! Nein, meine Suppe ess ich nicht!"

Diese Schultage erlebte ich jedes Mal als wahre Folter. Während sich meine Mitschüler in den Pausen im Freien tummelten, saß ich unglücklich und allein vor meinem Suppenteller mit dem erkalteten Brei. Hoffnungsvoll wartete ich auf die Erlösung meiner Pein am Ende des Unterrichtstages. Der Lehrer nannte mich ein „undankbares Geschöpf", das die Fürsorge um das Wohl von uns Kindern nicht zu schätzen wusste. Meine Mutter wurde natürlich von der Schule über mein unverständliches Verhalten unterrichtet.

Sie überschüttete mich daheim mit Vorwürfen und Belehrungen über die die Folgen meines Ungehorsames. – Es half nichts. – Es half mir nicht, die Abscheu gegen Haferflockensuppe zu überwinden.

Ihre Sorge als Mutter von vier Kindern galt ja vor allem, die hungrigen Mäuler täglich mit Nahrung zu versorgen. Da konnte sie keine Rücksicht auf die Befindlichkeit der jüngsten Tochter nehmen.

Also servierte sie auch daheim hin wieder die "soo" gesunde Suppe, wenn auch mit leicht verfeinerter Rezeptur. Nur mit geschwisterlicher Unterstützung gelang mir das Kunststück, meiner Mutter einen geleerten Teller zu reichen!

Wie schön war es für mich, als „Nesthäkchen", von meinen Schwestern so liebevoll umsorgt zu werden.

Die Abneigung gegen die erwähnte Haferflockensuppe hat sich bis in die Gegenwart erhalten. Abgewandelt würde ich sagen:

„Ich mag keine Haferflocken!
Nein!
Ich esse Haferflocken-Suppe nicht!
Nein, solche Suppe ess ich nicht!"

Mir ist zum Glück das Schicksal des Suppenkaspers aus dem „Struwwelpeter" erspart geblieben...

Hannelore Wolf, März 2020

Schule – Gedanken einer Oma

Auch ich war ein Kind und ging zur Schule, gern sogar und damals auch samstags. Der Weg war nicht weit, das Gebäude nicht sehr groß. Eine Grundschule für die Klassen 1–8. Nach der 8. Klasse folgte der Schulwechsel oder man erlernte einen Beruf. Manchmal somit bereits im Alter von 14 oder 15 Jahren.

Die Lehrerinnen und Lehrer empfanden wir Kinder, wie immer und überall, als streng oder mild, gerecht oder ungerecht, sympathisch oder unsympathisch. Pädagogen mehr oder weniger. Sie waren eben Lehrer, sprich Autoritäten, die nicht in Frage gestellt wurden.

Wir Kinder bekamen Noten von 1–5 (damals nur bis zur 5) für Leistung, Fleiß und Verhalten … Alles genau wie heute. Und doch war so Vieles so anders als jetzt.

Wir gingen in Schulen ohne Handy, Computer und Internet, in Schulen ohne Hass und Mobbing im Netz, ohne Fake News und ohne Hilfe durch den allwissenden Dr. Google.

Das Damals und das Heute – alles hat sein Für und Wider. Unsere Welt dreht sich immer schneller.

Ich wünsche den Kindern von heute und morgen

Eltern, denen die Bildung ihrer Kinder wichtig ist, weil Bildung Freiheit ermöglicht.

Ich wünsche den Kindern gute Schulen und Lehrer und Freunde, die diese Namen auch verdienen.

Ich wünsche ihnen Freude beim Lernen, denn die Schulzeit ist eine wichtige Zeit.

An sie denkt man immer, zu allen Zeiten im Leben. Sie ist eine Zeit, die prägt.

Ihr Kinder, ich wünsche Euch Wissensdurst, Ehrgeiz und Erfolg, damit Ihr die Welt von morgen mitgestalten könnt.

Margrit Prauß

Impfpflicht und andere Katastrophen

Es gibt doch immer wieder etwas, wogegen man Einspruch erheben kann. Da macht doch einfach unsere Regierung eine Impfung gegen die Masern zur Pflicht für alle Kinder. Meine Eltern wären 1943, als ich sieben und mein Bruder zwölf Jahre alt waren, froh gewesen, wenn es schon mehr Schutzimpfungen gegeben hätte. Denn es gab es eine Krankheitswelle. Fast die Hälfte der Schüler lag mit Masern darnieder. So auch mein Bruder und ich. Zuerst erwischte es meinen Bruder. Der Versuch meiner Mutter uns von einander fern zu halten, scheiterte dank der beengten Wohnverhältnisse. So war mein Bruder auf dem Weg der Besserung, als es mich erwischte. Der Kinderarzt war in der Zeit ständig unterwegs. Damals waren noch Hausbesuche der Ärzte, wenn ein Kind erkrankte und Fieber hatte, die Regel. Nur viel helfen konnte der Arzt jedoch nicht, denn die Versorgung mit Medikamenten war damals noch nicht so allumfassend wie in der heutigen Zeit. So blieben uns eigentlich nur die von alters her übernommenen Kenntnisse über Hausmittel. Wie viel Wadenwickel meine Mutter damals machte, um das bei Masern hohe Fieber zu bekämpfen, konnte sie bestimmt nicht mehr zählen. Wie schwer wir erkrankt waren, konnten wir Kinder nicht richtig realisieren. Wir konnten nicht begreifen, dass wir, als es uns unserer Meinung nach schon gut ging, nicht mit unseren Freunden spielen durften. In der Schule war es dann auch nicht gerade einfach. Immerhin mussten drei Wochen Unterricht nachgeholt werden. Bei mir ging es ja noch. Da war der Stoff noch überschaubar. Mein Bruder, der zur Oberschule ging, der hatte es schwerer. Für ihn gab es kaum Freizeit. Die Hauptarbeit lag natürlich auch auf den Schultern unserer Mutter. So war es kein Wunder, dass meine Eltern der damals aufkommenden Impfpflicht positiv gegenüberstanden.

Die Zeit verging. Das Ende des Zweiten Weltkrieges machte die Gesundheitslage auch nicht besser. Es gab kaum Ärzte. Fast alle waren im Krieg geblieben. An einen kann ich mich noch genau erinnern. Es war ein alter Herr von zweiundachtzig Jahren. Unermüdlich kümmerte er sich um die Kranken in unserer Gemeinde. Hausbesuche bei den Erkrankten fielen nicht aus. Er besuchte sie zu Fuß. Es gab ja keine Autos. Kann man sich heute gar nicht vorstellen. Ein Doktor, im hohen Alter von zweiundachtzig

Jahren, zu Fuß zum Hausbesuch. Dazu kommt, dass unsere Gemeinde auch nicht gerade klein war und bestimmt kein Weg unter einer halben Stunde zu bewältigen war. Er schaffte es sogar, für uns Kinder Impfstoffe gegen Diphtherie und Pocken zu bekommen. Um auch alle Kinder Impfen zu können, wurden die Impfungen in der Schule während des Unterrichtes durchgeführt. Das gemeinschaftliche Impfen hatte ein Gutes. Vor den Klassenkameraden wollte man ja schließlich nicht zugeben, dass man große Angst hatte. Die Impfkanüle war wenigstens doppelt so dick wie die heutigen. Dazu kam, dass dem Arzt altersgemäß die Hände zitterten. So sah es dann wie folgt aus: Oberarm freigemacht, die Impfstelle desinfiziert, womit auch immer, der Doktor nahm die Spritze, seine Hand zitterte einen Augenblick, dann hatte er sich soweit im Griff, dass er – zack – die Spritze setzen konnte. Wir haben es alle überlebt und blieben so wenigstens gesund.

Die Pockenimpfung war ein bisschen schlimmer. Da hatte er aber Unterstützung durch eine Krankenschwester. Die hatte keine Hemmungen unseren Oberarm mit einer Lanzette so zwei mal ca. einen halben Zentimeter lang einzuritzen. Danach konnten wir zwei Wochen lang keinen Sport machen, denn die Impfstellen hatten sich bei fast allen entzündet.

Pocken hat aber keiner bekommen. Wenn man sieht, wie heute geimpft wird, daran denkt, was wir dabei über uns ergehen lassen mussten, hätten wir es nach der heutigen Methode glatt zweimal mitgemacht. Doch im Nachgang kann man unserem alten Doktor nur dankbar sein, denn durch seine Initiative hat er bestimmt einige Kinder vor schlimmen Krankheits- verläufen bewahrt.

Wenn man so zurückdenkt, ist es eigentlich ein Wun- der, dass schon im Sommer nach Ende des Krieges, in einer Zeit, wo praktisch an allem Mangel herrschte, die Schule im Sommer wieder den Betrieb aufnahm. Unsere Schule war zwar schön und auch gut, aber viel zu klein für die große Anzahl von Schülern. So fand der Unterricht im Schichtbetrieb statt. Vormit- tags von acht bis dreizehn Uhr und nachmittags von vierzehn bis neunzehn Uhr. Der Nachmittagsunter- richt war ganz beliebt. Wann sonst durften wir Kinder noch so spät auf der Straße sein? Man konnte herr- lich unerkannt Leute ärgern. Besonders beliebt war "Klingelzug". Wenn die Leute aus dem Haus kamen, um zu sehen wer da geklingelt hatte, war man in der Dunkelheit schon ein gutes Ende weg und nicht mehr zu erkennen.
Gesundheitlich gab es bei uns auch mal wieder

etwas Neues. Es war völlig unbekannt. In der Taillengegend bekamen wir so winzige Pusteln. Die waren zwar klein, juckten aber schrecklich. Also mein Vater ab mit uns zu unserer neuen Kinderärztin. Die sah sich alles an. Fragte ob wir Fieber hätten und war ratlos. So was hatte sie auch noch nicht gesehen. Wusste nicht woher so etwas kommen könnte. Verschrieb eine Salbe. Doch die half auch nicht. Es wurde eher noch schlimmer. Na ja – ist alleine gekommen – geht vielleicht auch von alleine.

Etwas Positives gab es aber auch. Es gab Schulhefte zu kaufen. Richtige Schulhefte mit Karos oder Linien. Das Beste daran war der Einband. Der war bedruckt. Grau in grau waren darauf lauter Insekten zu sehen. Erst mal unwichtig für uns. Hatte aber einen ganz praktischen Zweck. Viele der abgebildeten Krabbeltiere kannten wir nicht. Sie hatten aber in der Chaoszeit nach dem Krieg zugenommen. So richtig interessierte das uns aber nicht. Das Positive überwog. Wir hatten endlich ordentliche Hefte für den Unterricht.

Eines Tages saß ich im Unterricht als ich wieder einmal einen starken Juckreiz hatte. Ganz heimlich versuchte ich ein bisschen zu kratzen. Mit einmal hatte ich dabei etwas unter einem Fingernagel. Ich sah mir das etwas näher an, als es sich bewegte. Es

war irgendein, mir unbekanntes, Objekt. Vor mir lag mein Schreibheft und ich kam auf den Gedanken mal zu sehen, ob das Objekt vielleicht auf dem Hefteinband abgebildet war. Es war! Es handelte sich nach meiner Einschätzung um eine Kleiderlaus. So etwas hatte ich noch nie gesehen. Also erst einmal das Ding umgebracht. Dann ganz normal am Unterricht teilgenommen. Schließlich durfte keiner etwas merken. Nach Schulschluss aber im Dauerlauf nach Hause. Rein ins Haus, meine Mutter gesucht und ihr gleich einen Schock verpasst. "Mama – Mama wir haben Kleiderläuse". So etwas durfte eigentlich nicht sein. Wir kannten Hundeflöhe, Milben an Hühnerbeinen. Das war ganz normal, aber Kleiderläuse? Wir waren doch immer sauber. Na ja – die Kinderärztin hat sie ja auch nicht gekannt. Heute wissen wir, dass der Befall mit Kopf- oder Kleiderläusen nicht eine Frage der Sauberkeit ist, und das diese über Kontakt mit befallenen Personen übertragen werden. Aber meine Mutter wäre nicht meine Mutter gewesen, wenn sie nicht nach kurzer Pause aktiv geworden wäre und die sofortige Bekämpfung eingeleitet hätte.
Waschkessel angeheizt, Badewanne hergerichtet, frische Unterwäsche und Bekleidung bereitgelegt. Betten frisch bezogen und los ging es. Wir Kinder waren zuerst dran. Ausziehen, rein in die Badewan-

ne, gründlich abgeschrubbt, abgetrocknet mit frischem Handtuch, frische Wäsche an und das war es. Meine Mutter hatte natürlich die meiste Arbeit mit den Viechern. Bettwäsche und unsere Unterwäsche durchgekocht, gewaschen und aufgehängt. Die Oberbekleidung mit irgendetwas (ich weiß nicht was es war) abgerieben. Alles eine Heidenarbeit. Hatte aber Erfolg. Unsere Haut heilte ab und wir waren wirklich von den Läusen befreit. Damals als Kind haben wir eben gemacht was unsere Mutter anordnete. Erst heute, wo wir den Komfort von Waschmaschine und Trockner haben, ist es mir so richtig bewusst geworden, was unsere Eltern in der Nachkriegszeit mit den eingeschränkten Mitteln geleistet haben.
Wobei die Hauptlast auf den Schultern der Mütter ruhte, denn nach dem Krieg gab es viele, wie man heute sagt, alleinerziehende Mütter.

Wenn man so die Vergangenheit Revue passieren lässt und mit der heutigen Zeit vergleicht, muss man den Hut vor den Lehrern ziehen. Was diese alles unternommen haben, um uns Kinder nicht nur mit dem Lehrstoff sondern auch in gesundheitlicher Hinsicht zu versorgen. Kameradschaft und gegenseitige Hilfe wurden in den schlimmen Zeiten nach Kriegsende groß geschrieben. So konnte ein Mädchen, ein Flüchtlingskind, einmal in der Woche nicht zur Schule kommen. Ihr Kleid wurde gewaschen. Sofort sorgte unsere Klassenlehrerin dafür, dass sie die Aufgaben nach Hause gebracht bekam. Dann gelang es ihr, von einer anderen Schulkameradin, die etwas größer war, einige abgelegte, zu klein gewordene Kleidungsstücke zu bekommen.

Auch an unsere Gesundheit wurde gedacht. Im Nachbarort gab es eine Fabrik, in der unter anderem auch Biomalz hergestellt worden war. Es gelang unserer Schule, einige noch erhaltene Lagerbestände zu bekommen. So mussten wir Kinder uns zur großen Pause mit unserem Esslöffel, den wir ja für die Schulspeisung immer dabei hatten, anstellen und bekamen jeder einen Löffel voll Biomalz. Wunderbar! Es gab ja ansonsten kaum Süßigkeiten.

Schulspeisung war natürlich auch so ein Thema.

Eifo-Suppe. Das war eine Suppe aus Eichelmehl. Das waren gemahlenen Eicheln. Für mich Horror pur. Das Zeug roch nicht nur schrecklich, es schmeckte auch so. Ich war zwar dünne wie ein Strich, immer Ernährungsstufe drei. Also kurz vor dem Verhungern. Dem war eigentlich nicht so. Wir hatten einen großen Garten, Hühner, Kaninchen und auch eine Ziege.

Wir waren insofern relativ gut versorgt und meine Mutter half immer einigen mit Obst aus unserem

Garten und eine alte Dame aus der Nachbarschaft bekam jeden Morgen einen Becher Ziegenmilch. Ich bekam sogar Pausenbrote mit in die Schule, die ich aber mit einigen Schulkameraden heimlich teilte. Mein schlechter Gesundheitszustand lag wohl mehr an meinem Längenwachstum, denn ich war eine der Großen der Klasse. Bei der Eifosuppe hatte ich nun die Schwierigkeit meiner Sitznachbarin, die ständig Hunger hatte, meine Suppe heimlich zu geben. Natürlich wurde ich erwischt und der Lehrer zwang mich, von der Suppe zu essen. Das tat er aber nur einmal. Ich musste mich übergeben, schaffte es nicht mehr bis zur Toilette und eine Lehrerin musste den gesamten Korridor wischen. Es gab dann eine Rücksprache mit meinen Eltern. Meine Mutter löste das Problem, indem sie mir einen kleinen Eimer mit Deckel als Essengefäß mitgab, damit ich dann die Suppe zu Hause essen konnte. Diese Aufgabe übernahmen allerdings unsere Hühner.

Für mich kam dann nach einiger Zeit eine Horrornachricht. Es wurde eine zusätzliche Schulspeisung für Kinder mit schlechtem Ernährungszustand angekündigt. Noch mehr solche schrecklichen Mahlzeiten? Ich versuchte meine Eltern davon zu überzeugen, meine Teilnahme daran abzulehnen. Doch meine Mutter sagte, dass man, bevor man etwas ablehnt, erst einmal wissen müsste, was es ist. Also blieb mir nichts anderes übrig als mit einigen Mitschülern nach dem Unterricht zum Kirchengemeindehaus, etwa zehn Minuten von der Schule entfernt gelegen, zu wandern, denn dort sollte es das Essen geben. In dem Gemeindehaus war im Saal eine lange Tafel eingedeckt. Dann wurde bekanntgegeben, es handele sich um eine Spende der Caritas. Heute wäre es jedoch nicht mehr möglich eine warme Mahlzeit auszugeben, deshalb nur für jeden zwei Brötchen mit Butter und Käse. Wir Kinder waren alle sprachlos. Wann hatte es das letzte Mal Schrippen gegeben? Und das auch noch mit Butter und Käse? Einfach traumhaft! Es waren meine Lieblingsbrötchen, von denen ich in dieser Zeit nur träumen konnte. Auch das warme Essen war immer schmackhaft und wir waren sehr traurig, als die Spende zu Ende war und wir wieder unser normales Schulessen einnehmen mussten. Gelernt hatte ich dadurch auch etwas. Meine Mutter hatte wieder einmal Recht gehabt. Nicht über etwas zu urteilen, was man nicht kennt.

In Sachen Schulspeisung gab es dann wieder einmal etwas neues. Unsere Schule bekam Möhren. Wir hatten ja eine gut ausgestattete Lehrküche und diese lernte ich nun kennen. Die Möhren mussten nämlich geschält und geschnippelt werden. Das mussten wir Schülerinnen erledigen. Alle Mädchen, deren Zensuren in Mathematik gut und sehr gut waren, wurden zum Möhrenschälen abgestellt. Unser Mathelehrer, ein ausgemusterter Oberschulprofessor, wollte uns was besonders Gutes tun. Er unterrichtete uns statt mit praktischem Rechnen mit Algebra. War ja interessant, aber zum Klassenabschluss sahen wir gar nicht so gut aus, denn da war praktisches Rechnen gefragt. Jedenfalls habe ich so einige Kilo Möhren geschält. Da außer den Möhren allerdings nicht viel andere geschmacksbildende Zutaten in der Suppe waren, hat mir diese Zeit die Freude an diesem Gemüse gründlich verdorben.

Trotzdem muss ich der Möhrenaktion dankbar sein. Als ich nach vielen Jahren als zweiten Beruf in Erwachsenenqualifizierung den Beruf des Wirtschaftskaufmanns erlernte, war eine der Grundlagen Mathematik und da besonders Algebra. Darin bestätigte man mir die Hochschulreife.

So bewahrheitete sich mal wieder das Sprichwort: "Man weiß nie, wozu was gut ist."

Eva-Maria Kluck

Mein unsichtbarer Retter

Es gibt im Leben eines jeden Menschen Momente, in denen er sich einen Retter aus höchster Not wünscht. Auch wenn man sie nicht sehen kann und nicht an Schutzengel glaubt: es gibt sie, diese überirdischen Wesen!

Viele heiße Dankesworte schickte Mancher schon in seinem Leben, nach überstandener Gefahr, gen Himmel an seinen vermeintlichen Schutzengel.
Mein unsichtbarer Schutzengel bewahrte auch mich, mehr als einmal, in gefahrvollen Situationen vor einem bösen Ende.

In unserer dörflichen Nachbarschaft wohnte eine Bauernfamilie mit zwei Söhnen. Mit dem jüngeren der beiden verbrachte ich manche fröhliche Stunde im Hof oder dem Garten der Familie. Ein besonderes Vergnügen bereitete uns die Schaukel, welche an langen Seilen an einem hohen Baum hing. Damit flogen wir hoch hinauf in das Himmelsblau. Das wunderbare Glücksgefühl beim hinaufschwingen und das Kribbeln im Bauch beim hinabgleiten der Schaukel - welch ein Erlebnis! Der Nachbarjunge benötigte öfter bei den Schulaufgaben meine Hilfe, die ich bereitwillig übernahm. Seine Mutter dankte mir mit herrlich duftenden goldgelben Eierkuchen. Die frisch nach dem Melken angebotene, noch warme und nach Kuh riechende, fette Milch, lehnte ich jedoch ab. Wir waren daheim an die bläulich schimmernde Magermilch, ohne großen Nährwert, gewöhnt.

Dem Oberhaupt der Familie, ein alteingesessener Bauer, begegnete ich selten. Er arbeitete meist auf dem Feld oder versorgte das Vieh in den Ställen.

Dieser Bauer liebte den Genuss von Alkohol über alle Maßen. Leider verlor er danach oft die Beherrschung und ließ seinen Ärger, ohne großen Anlaß, an seinen Tieren aus. Besonders die Pferde litten unter den Wutausbrüchen ihres Besitzers.

Der zum Dorf gehörige Konsum befand sich an der Hauptstraße – ein größeres Stück Weg von den Häusern entfernt. Um den Laden zu erreichen, benutzten die Eigentümer eines Fahrrades ihr Gefährt zum Einkauf oder man lief zu Fuß. Der erwähnte Bauer aus der Nachbarschaft fuhr mit Pferd und Wagen zum Konsum, um den häuslichen Bedarf seiner Familie zu transportieren. Das bot ihm die willkommene Gelegenheit, mit anderen Dorfbewohnern, bei Bier und Schnaps, ein Schwätzchen zu halten.

An einem Sommertag machte ich mich mit meiner Schulkameradin, die im selben Haus wohnte, auf den Weg zum Einkaufen. Vor dem Konsum stand der Pferdewagen von Bauer M. mit den angeschirrten Pferden. Die Tiere dampften in der prallen Sonne und dürsteten sicher nach frischem Wasser. Ihr Herr stand laut schwadronierend an der Ladentheke und trank behaglich seinen Alkohol. Als wir Mädchen mit unseren Einkaufstaschen den Laden verließen, bot der Bauer uns Plätze auf seinem Wagen für die Rückfahrt an. Gesagt-getan, wir kletterten auf die Ladefläche des Pferdefuhrwerks. Aber kaum saßen wir oben, rissen sich die Pferde los. In rasendem Galopp rannten sie mitsamt dem hin und her schlingernden Wagen die Dorfstraße hinunter in Richtung Bauernhof. Wir völlig überraschten Mädchen klammerten uns mühsam und laut schreiend am Wagenrand fest und erwarteten das Schlimmste.

Die Pferde rasten ohne Halt bis auf den Hof, wo sie zitternd und keuchend inne hielten. Unsere Mütter stürzten entsetzt aus dem Haus und hielten Ausschau nach uns Töchtern. Wir saßen benommen und von der überstandenen Gefahr wie gelähmt auf dem Wagen. Dann fielen wir den aufgeregten Frauen in die Arme und weinten hemmungslos.

Was danach geschah, war unfassbar.

Der angetrunkene Bauer, der nun zu Fuß den Heimweg antreten musste, war außer sich vor Zorn. Er griff zur Peitsche und schlug in blinder Wut auf die wehrlosen, schweißüberströmten Tiere ein. Die Pferdeleiber wurden von Striemen gezeichnet und lautes angstvolles Wiehern begleitete jeden Peitschenhieb. Die herbeigeeilte Bäuerin und Nachbarn versuchten, den wild zuschlagenden Peiniger zu beruhigen. Es gelang ihnen nur mit großer Mühe. Der enthemmte Tierquäler zeigte keinerlei Schuldgefühle oder Reue. Ihm war auch nicht bewußt, daß er zwei unschuldige Kinder in Lebensgefahr gebracht hatte. Für sein weiterhin brutales Verhalten und die Tierquälerei wurde er später angezeigt.

Lieber Schutzengel – danke für die Rettung!!!

Hannelore Wolf

Die Autoren:

GELA (Jahrgang 1943)
Hobbies: Theatergruppe, Wandern

Eva-Maria Kluck (Jahrgang 1935)
Geboren in Berlin, von 1936 bis 1997 in Kleinmachnow gelebt, danach in Stahnsdorf.

Berufe: Maßschneiderin und Wirtschaftskauffrau Sie war als Angestellte im Rat der Gemeinde Kleinmachnow, in der Landwirtschaftsbank in Potsdam und von 1975 bis 2000 im Gesundheitswesen (Geschäftsleitung, ab 1997 Leiterin des Seniorenbüros AVUS) in Teltow tätig.

Hobbys: Aus dem Leben schreiben: Anekdoten, bissige Leserbriefe, Glossen und Familiengeschichte, ehrenamtliche Tätigkeit in Selbsthilfegruppen.

Margrit Prauß (1947)
ist in Sachsen geboren und aufgewachsen.

Beruf: Krankenschwester, Ausbildung med. Fachschule Hubertusburg Wermsdorf.

Seit 1969 wohnt sie in Teltow, hat 2 Töchter und 4 zauberhafte Enkelkinder. Sie liebte immer schon „Deutsch" in der Schule, schrieb gerne Aufsätze, später Briefe. Gedanken, Erinnerungen und Erfahrungen aus ihrem Leben zu formulieren macht ihr viel Freude und sie gibt diese gern weiter.

Elke Jentschke (Jahrgang 1959)

ist Heilpraktikerin in Berlin und unterrichtet Yoga und Tanz. Körperarbeit, Massage und Atemschulung sind ihre Schwerpunkte. Es ist ihr eine große Freude, Menschen auf dem Weg zu mehr Energie, Lebenslust und Kreativität zu stimulieren!
Ihr zweiter Bereich ist die Arbeit mit älteren Menschen. Als Altenpflegerin und auch als Bewegungslehrerin. Harmonie von Körper, Geist und Seele ist ihr Thema!
Sie hat zwei Töchter und zwei Enkelkinder.
„Für mich ist das Aufschreiben von Gedanken eine Form des Austausches, der uns als Menschen näher bringt... wir können uns besser verstehen und unterstützen." (Elkezeitlos)

Carmen Sabernak (Jahrgang 1958)

Schreibt am liebsten mit Blick auf das Meer oder auf ihrer Rosenbank im Familiengarten.

Bisher erschienen

Aus der Reihe „Perlen unserer Erinnerung" sind bereits (im BoD Verlag zum Preis von 5,00 Euro) erschienen:

„Hannas Weihnachtsengel" erschienen 2013
ISBN: 9783732280414

„Begegnungen im Leben" erschienen 2013
ISBN: 9783732280889

„Verlust und Wiederfinden" erschienen 2015
ISBN: 9783734745812

„Elli" erschienen 2015
ISBN: 9783734769276

„Mein Berlin - Mitten mang und Dichte bei" erschienen 2015
ISBN: 9783738613599

„Am Wege blüht Vergissmeinnicht" erschienen 2015
ISBN: 9783738629262

„Singen und Wandern - das ist unser Leben" erschienen 2015
ISBN: 9783738659931

„Jahreswende - von Anfang bis Ende" erschienen 2016
ISBN: 9783741276798

„Sehnsucht, Glück und Bäume" erschienen 2017
ISBN: 9783848257195

„*Täuscht der schöne Schein?*"
erschienen 2018 im BoD Verlag

ISBN: 9783748111948
Preis: 5,00 Euro

„*Winterperlen*"
erschienen 2018 im BoD Verlag

ISBN: 9783748101093
Preis: 5,00 Euro

„*Sommer-Zeit-Reise*"
erschienen 2019 im BoD Verlag

ISBN: 9783748146964
Preis: 5,00 Euro

„*Geflüster bei Kerzenshein*"
erschienen 2019 im BoD Verlag

ISBN: 9783750401877
Preis: 3,99 Euro

„*Meine Heimat Kleinmachnow*"
erschienen 2020 im BoD Verlag

ISBN: 9783751930772
Preis: 6,80 Euro